AF494951

LA CONVIVENCIA Y SUS EQUIVALENTES EN FRANCES E INGLES

Dominique-D Junod (Arbell)

La *Convivencia* y sus equivalentes en francés e inglés

La palabra y su significado

(Búsqueda en línea)

Traducido por Azahara Veroz González

Editions Florent HUET

ISBN 979-10-91662-22-2

Prefacio

Convivencia, *convivance, convivence*

Breve presentación

Convivencia es una palabra conocida y utilizada con frecuencia, sobre todo en España y en Francia desde hace mucho tiempo, aunque también se utiliza en su forma francesa *convivance*, forma antigua que l'Académie française ha introducido oficialmente en su tesauro moderno de 2004. La palabra inglesa *convivence* cada vez se emplea con más frecuencia en Gran Bretaña empleándose más a menudo en Estados Unidos. Este término se encuentra también en otras lenguas como el catalán, el occitano, el portugués y el italiano. (En árabe se utiliza una palabra algo diferente, la expresión: *ta'ayuch* que significa coexistencia).

La palabra *convivencia* (y sus equivalentes *convivance* y *convivence*) deriva del latín *cum vivere* y significa, en todas las lenguas que la han adoptado, el arte de vivir con alguien, de vivir juntos, en un mismo espacio. Los historiadores la han empleado con frecuencia para designar el modo de vida social que se instituyó durante la ocupación musulmana en el siglo VIII, cuya capital era Córdoba, conquistando la Península Ibérica y otros territorios aledaños.

Desde el primer emirato de Córdoba, y después durante el tercer Califato de los Omeyas en esta ciudad, a las comunidades cristianas y judías se les confirió un estatus de súbitos protegidos (*dhimmis*) por sus conquistadores musulmanes pudiendo ejercer libremente su vida religiosa, comercial y científica. Brillantes personalidades de todas las religiones tuvieron la posibilidad de expresar su talento en los diferentes ámbitos de la vida social como el arte, la sanidad, la religión, la medicina, etc. Las obras de algunos de ellos aún resplandecen en la actualidad.

El significado de *convivencia* se reinterpreta en nuestros días *como* inspiradora de la armonía, convertida en mito, que se extendió desde Córdoba a los territorios de Al Andalus. La *convivencia, convivance, convivence*, designa actualmente toda práctica, método *o*procedimiento activo que tenga por objetivo favorecer la coexistencia armoniosa entre individuos y entr*e* comunidades en todos los ámbitos de la vida, tanto privados, como sociales y/*o* políticos.

De este modo, se busca la convivencia en pareja o en familia, entre los compañeros de piso, entre las comunidades religiosas, sociales y/o culturales que viven en un mismo territorio, ya sea un barrio, una ciudad, una región, un país o un continente.

La palabra convivencia se asocia a palabras y expresiones de tolerancia, convivialidad, cohabitación, coexistencia y concordia, pero el concepto de *convivencia* va más allá, engloba todos esos significados y no tiene un equivalente.

Dominique-D Junod (Arbell)
Dra. en Ciencias políticas. Lic. en Literatura moderna y antigua. Universidad de Ginebra.

Noviembre de 2011.

Índice

Introducción

La palabra convivencia en español, francés e inglés es utilizada a menudo por los historiadores para designar la coexistencia relativamente armoniosa, según periodos y circunstancias, que reinaba entre las poblaciones cuyas religiones eran la cristiana, la judía y la musulmana, desde la conquista musulmana en la Península Ibérica y de la Septimania hacia el norte hasta la «Reconquista» (711-1492). La región en cuestión y la civilización que allí reinaron se llamaron Al Andalus y su capital era Córdoba. La cohabitación de las comunidades religiosas que vivían en Al Andalus fue instaurada por el emirato y continuada por el Califato Omeya de Córdoba, apoyándose en el Corán. Los que no eran musulmanes, principalmente los judíos y los cristianos, fueron invitados, a veces incluso obligados a aceptar pactos que les conferían un estatus de «súbditos protegidos» en el ámbito religioso, cultural y económico.

La coexistencia entre todos estos habitantes, su *convivencia*, no siempre fue fácil, siendo objeto de controversia entre historiadores, aunque no hay duda de que los intercambios interculturales y económicos en los diferentes ámbitos fueron notablemente productivos. Permitieron a importantes personalidades de las tres religiones realizarse proyectando sus obras en los ámbitos religioso, artístico, médico y económico hasta nuestros días. La *convivencia*, cuyo primer modelo se estableció en Córdoba, ha sido y sigue siendo una aportación significativa y resplandeciente para la humanidad, a pesar de las disensiones entre comunidades, las rivalidades y los conflictos que no siempre pudieron evitarse.[1]

Hoy en día, evocamos o nos referimos cada vez más a esta edad de oro de la *convivencia* como si se tratase de un tiempo perfecto, a riesgo de formarnos una imagen mítica, incluso. Lo hacemos cuando por medio del diálogo se consigue una acción o una actividad en pro de una coexistencia serena, entre individuos o grupos que desean vivir juntos y mantener buenas relaciones respetando sus diferencias.[2]

Este estudio se ha llevado a cabo sobre la palabra *convivencia* en español (y en catalán), *convivance* en francés (*convivencia* en la lengua occitana) y *convivence* en inglés, así como su significado. El enfoque realizado es diferente según las lenguas, cada una tiene sus propias

---

[1] Pueden consultarse estos aspectos en el libro *Convivencia, Jews, Muslims and Christians in Medieval Spain* Edited by Vivan B. Mann, Thomas F. Glick and Jerrilynn D. Dodds, George Braziller in association with The Jewish Museum, New York, (1992)

[2] Para obtener más detalles históricos sobre el periodo de Al Andalus, aquellos que no son expertos pueden consultar el libro de Angelo Hüsler, *L'Espagne médiévale, Chrétiens Juifs et Musulmans*, Infolio, 2008, que relata de una manera clara y sencilla la historia de Al Andalus desde 711 hasta 1492 y cómo se organizaba y se desarrollaba la coexistencia entre musulmanes, judíos y cristianos durante el Califato de Córdoba. Hüsler, un suizo, utiliza la palabra coexistencia.

características y evolución que condicionan la investigación y suscitan una serie de cuestiones propias. Este pequeño trabajo, realizado a través de la consulta en Internet, propone algunas orientaciones para reflexionar e investigar. Se presta a investigaciones ulteriores y reviste de un alcance únicamente informativo.

I. Convivencia: la palabra y su significado en la antigüedad

La palabra *convivencia* deriva del latín *cum vivere* – cuya traducción literal sería «*vivir con*»[3]. Con relación a este aspecto, todas las fuentes consultadas coinciden.

¿Hasta cuándo se remonta la palabra *convivencia*? ¿se empezó a emplear durante la época de Al Andalus o su utilización es anterior? Parece ser, según el filólogo e historiador Ramón Menéndez Pidal, que la palabra ya existía en la Edad Media en la Península Ibérica[4].

Es necesario intentar imaginar la situación: Al Andalus no sólo comprendía la España actual, sino también otros territorios que estaban más al norte y especialmente aquellos de la Septimania, actualmente convertidos en departamentos del sur de Francia que constituyen una parte de Occitania, en donde todavía, a veces, se habla en lengua occitana (y dialectos emparentados). Existía forzosamente una interacción entre las lenguas habladas por las poblaciones araboandalusíes e íberas (que provenían de Cataluña) y el nacimiento de la lengua occitana en estas regiones de

---

[3] http://www.elalmanaque.com/lexico/convivencia.htm

[4] Ramón Menéndez Pidal en su obra *Orígenes del español*, de 1926 .

Francia[5]. El arte de vivir juntos, que era el espíritu de la vida en Al Andalus, fue cantado por los trovadores occitanos del siglo XII y posteriores. No obstante, en estas regiones aún no se utilizaba la palabra *convivencia* sino *paratge*[6].

En Occitania, la palabra *convivencia* apareció más tarde, aunque no se sabe con exactitud cuándo. En un libro que data de 1965, *Le 'Joy d'Amor' des troubadours,*[7] de Charles Camproux[8], autor francés occitano, utiliza la palabra *convivencia* tomándola prestada del catalán moderno y estimando que este término « d'ailleurs adopté par les autres dialectes d'Oc cultivés d'aujourd'hui» [adoptada por los otros dialectos de Oc cultivados actualmente], parece « essentiellement indiqué pour

---

[5] http://www.convivance-liens.com/Mona/articles.php?lng=fr&pg=104

[6] Referencia imprecisa. No obstante, esta información nos ha sido transmitida por el Profesor Alem Surre García en un mensaje personal el 17 de agosto de 2012.

[7] Camproux, Charles: *Le 'Joy d'Amor' des troubadours, Jeu et Joie d'amour*, Montpellier, Cause, Castelnau, 1965.

[8] Charles Camproux (1908-1994) es una de las figuras ineludibles de la cultura occitana contemporánea. Participó activamente en el nacimiento del occitanismo moderno en el período entre guerras, después introdujo los estudios de occitano en la Universidad. Sus trabajos de lingüística son una importante contribución al conocimiento de la lengua occitana. http://occitanica.eu/omeka/items/show/378

désigner un des caractères essentiels, sinon le caractère essentiel, de la civilisation dont naturellement se nourrissait le XII° siècle des troubadours» [«básicamente indicada para designar carácteres esenciales, incluso el carácter esencial de la civilización que se enriquecía de manera natural de los trovadores durante el siglo XII»][9]. No hace referencia específica a Al Andalus pero evoca una civilización de la *convivencia* definida como «ce sens aigu de la liberté qui entraine comme conséquence le sens d'une très large tolérance» [«este sentido agudo de la libertad que comporta como consecuencia el sentido de una gran tolerancia»][10].

El profesor Alem Surre-Garcia[11] estableció una relación directa entre Al Andalus, la *convivencia* y la

---

[9] Cita imprecisa de Alem Surre-Garcia a Dominique Arbell en un mensaje electrónico el 17 de agosto de 2012.

[10] Según una descripción del libro en la revista *Cahiers de civilisation médiéval,* 1966, vol. 9, p. 568, citada por http://www.persee.fr/web/revues/home/prescript/article/ccmed_0007-9731_1966_num_9_36_1396_t1_0568_0000_1

[11] Alem Surre Garcia nació en 1944 en la región de Toulouse, de origen gallego. Estaba encargado de la cultura en el Consejo Regional de Midi-Pyrénées de 1989 a 2006. Escritor occitano cuyas obras han sido traducidas al alemán, al francés, al polaco, al catalán... Traductor de francés de importantes autores occitanos. Libretista, autor dramático, conferenciante. Organizador de eventos culturales. Ensayista en lengua francesa.

inspiración de los trovadores: en su opinión, la noción de convivencia en Occitania « vient de l'Espagne andalouse où chrétiens, juifs et musulmans inventaient un équilibre où chacun pouvait s'épanouir. Le modèle remonte ensuite vers le nord, le mot occitan « *convivencia* » apparaît et (faut-il comprendre « tandis que » ? ») les troubadours diffusent cet art de vivre ensemble dans le respect des différences en termes d'égalité.»[12]. [«Viene de la España andalusí en donde los cristianos, judíos y musulmanes inventaban un equilibrio en donde podían realizarse. Este modelo se expande hacia el norte, la palabra occitana *convivencia* aparece y (hay que comprender «mientras que?») los trovadores difundían este arte de vivir juntos en el respeto de las diferencias en términos de igualdad»].

De este modo, la palabra en español *convivencia,* que posteriormente se trasladó al occitano, se inscribe « dans l'histoire du pourtour méditerranéen occitan qui voyait cohabiter pacifiquement les juifs séfarades d'Espagne, les musulmans (arabo andalous) occupant la Septimanie (Languedoc Roussillon actuel) et la Provence, et les Wisigoths bâtisseurs de Toulouse (Tolosa). Tout ce

---

http://www.editions-harmattan.fr/index.asp?navig=auteurs&obj=artiste&no=18962. Autor de *Au-delà des Rives, les Orients d'Occitanie. De la fondation de Marseille à l'expulsion des juifs du Royaume de France*. 316 páginas, Dervy, 2 de mayo de 2005.

[12] http://www.la-croix.com/Actualite/S-informer/France/La-convivencia-methode-occitane-pour-accepter-ses-differences-_EP_-2012-02-01-764546

petit monde commerçait habilement, Narbonne rayonnait autant que Byzance et on se mariait entre communautés pour souder les alliances»[13] [«en la historia del perímetro mediterraneo occitano que veía cohabitar pacíficamente a los judíos sefardíes de España, a los musulmanes (araboandalusíes) que ocupaban la Septimania (Languedoc Roussillon actual) y la Provenza, y a los visigodos bautizados de Toulouse (Tolosa). Todo este pequeño mundo comerciaba hábilmente, Narbona resplandecía como Bizancio y se casaban entre comunidades para sellar las alianzas»].

¿Se ha transmitido la palabra y el significado por castellanos (traductores de Toledo), catalanes, judíos expulsados de Granada en 1492? ¿Y que además han conservado el español en el judeoespañol (ladino), cuya denominación «sefardíes» significa «españoles»?[14]

La Real Academia Española prepara un *Diccionario histórico* que posiblemente aclarará las dudas

---

13 http://www.convivance-liens.com/Mona/articles.php?lng=fr&pg=104 - Para más información consultar también Alem Surre- Garcia, *Au-delà des Rives, les Orients d'Occitanie. De la fondation de Marseille à l'expulsion des juifs du Royaume de France.* 316 páginas, Dervy, 2 de mayo de 2005.

14 Eli Tauber, *El idioma judeoespañol en Bosnia-Herzegovina* fue editado por La Benevolencia, asociación cultural y humanitaria judía de Bosnia - señaló que su libro desea mostrar «con cuánto amor los sefardíes han guardado y preservado ese español medieval, el lenguaje de Cervantes».

al respecto:[15] se trata de un ambicioso proyecto que contiene un léxico de términos antiguos que debería permitir interpretar los textos clásicos en español.

[15] http://lema.rae.es/drae/

II. Convivencia en español contemporáneo

El historiador Américo Castro[16] en un libro de 1948, que no está disponible en español [17] y traducido al inglés,[18] parece ser el primer autor contemporáneo que examina y analiza la *convivencia.* Otros historiadores se han interesado en esto y por ello la historia de la *convivencia* se presta a diversos debates. El profesor

---

[16] http://es.wikipedia.org/wiki/Américo_Castro. Biografía parcial: Américo Castro nació en Cantagalo (Brasil) sus padres eran de Granada. (…) Se graduó en la Universidad de Granada en 1904, en Letras y Derecho, e hizo el doctorado en Madrid. Luego se trasladó a Francia para estudiar en la Sorbona (1905-07) y, al quedar huérfano, tuvo que sustentarse dando clases de español en París. Estudió también en Alemania, pero volvió a Madrid y comenzó a colaborar con Ramón Menéndez Pidal en el Centro de Estudios Históricos, así como con la Institución Libre de Enseñanza, con cuyo grupo estaba relacionado. En 1910 ayudó a organizar el Centro de Estudios Históricos en Madrid, sirviendo como jefe del departamento de lexicografía; luego seguiría vinculado a esta institución incluso después de que se convirtiera en Catedrático de Historia de la Lengua Española en la universidad madrileña en 1915.

[17] Castro, Américo: *España en su histórica, cristianos, moros y judíos.* Buenos Aires, Editorial Losada. Primera edición: 1948.

[18] Traducción al inglés: Castro, Américo: *The Spainards, An Introduction to their history.* Enlarged by three chapters, Berkeley, University of California Press. 1971.

Shamsuddin Elia[19], en una conferencia titulada «Al Andalus, 800 años de convivencia», ofrece un claro resumen de la civilización andalusí y pone de relieve la *convivencia*: en el subtítulo «Convivencia y Tolerancia», subraya que la mejor herencia de la civilización hipanomusulmana fue su espíritu de tolerancia, que fue una realidad irrefutable.[20]

---

[19] Personalidad religiosa musulmana suní comprometida que vivía en Buenos Aires

[20] Conferencia del Profesor Shamsuddin Elia: *El Islam: arte, derecho, economía, filosofía, historia y teología. 15 siglos de civilización y cultura",* que tuvo lugar en Buenos Aires, en la Facultad de Derecho de la Universidad Nacional de Lomas de Zamora, del 23 de Octubre al 27 de Noviembre de 1996. http://www.arabespanol.org/andalus/800ano.htm '« lo que mejor caracteriza el legado hispano-musulmán es su espíritu de la tolerancia. Si hablamos de la tolerancia del Islam, no se trata de un tópico repetido con fines propagandísticos, sino de una experiencia y una realidad histórica irrefutable. En la llamada Edad de Oro del Islam, cuando el territorio musulmán se extendía de España hasta la China, entre los siglos VIII y XIV, convivían en su seno en un ambiente de libertad y mutuo respeto cristianos arrianos, nestorianos, monofisitas y coptos, judíos, budistas, zoroastrianos, maniquéos e hinduistas, cuyas creencias y tradiciones eran garantizadas por el Islam por el estatuto de *Ahl al Dhimma,* es decir, la «Gente del Pacto». Esto es algo que el Islam puso en

A pesar de las opiniones divergentes sobre la historia de la *convivencia*[21], el espíritu ideal de la *convivencia* se ha anclado poco a poco en la conciencia de los españoles y en el español moderno. La palabra *convivencia* se encuentra en la edición de 2001 del Diccionario de la Real Academia Española, que es el equivalente al de l'Académie française en Francia. Define la *convivencia* simplemente como la "acción de convivir"[22]. Encontramos también la palabra *convivencia* en el Gran Diccionario Larousse Español-Francés de 1998: « vie en commun, cohabitation, coexistence. » [«vida en común, cohabitación, coexistencia»][23].

A continuación les mostramos qué representa la palabra *convivencia* para los españoles de hoy en día:

- Psicología de pareja:

---

práctica hace más de 1 400 años y que Occidente a duras penas comenzó a llevarlo a cabo a mediados del siglo XX.»

[21] Erin Golden, Arielle: *Convivencia and Conversos, Problematizing Identity*, thèse de doctorat, Cnn Wesleyan University, Connecticut, 2010. Puede consultarse en línea: http://wesscholar.wesleyan.edu

[22] http://lema.rae.es/drae/?val=convivencia. 1.f.

[23] No hemos realizado una búsqueda sistemática ni previa en los diccionarios.

«Sabemos que no es fácil convivir con alguien, cualquiera sea la relación que nos una, con mayor razón la *convivencia* en pareja puede resultar aún más compleja.»[24]

- Sociología: (célula familiar)

«Una de las formas más usuales en que se verifica la *convivencia* es la familia, unidad básica de la vida social o comunitaria.»[25]

- Civismo:

«... el término "*convivencia*", al menos en castellano, tiene connotaciones de una mayor exigencia que la simple coexistencia. Coexistir sólo exige que quienes coexisten se mantengan en la existencia al mismo tiempo, sin importar en qué condiciones, más o menos hostiles, ocurra tal hecho. En cambio, convivir exige la realización práctica de ciertos compromisos en cuanto a respeto mutuo, a cooperación voluntaria y a compartir responsabilidades»[26]

- Pedagogía escolar:

---

24 http://psicologia.laguia2000.com/el-amor/la-convivencia-en-pareja

25 http://es.wikipedia.org/wiki/Convivencia#Bibliograf.C3.ADa

26 Enciclopedia de Paz y de Conflictos. http://www.educacionparalapaz.org.co/enciclopedia/concep_9/concepto10.htm

«El presente documento constituye una primera aproximación para la formulación, en términos teóricos, conceptuales y operacionales, de una forma de pedagogía destinada a dar respuesta al gran problema que representa hoy la convivencia en la escuela. Tentativamente incorpora la expresión *pedagogía de la convivencia*, para dar cuenta de este esfuerzo».[27]

- Cultura artística:

La página de 20minutos.es «muestra la *convivencia* artística de cristianos, musulmanes y judíos en el Imperio Bizantino» en «La gran exposición 'Bizancio y el Islam, una era de transición' reúne en el MET de Nueva York 300 obras derivadas de la colaboración entre las tres culturas».[28]

- Ciencias sociales:

«En este trabajo vamos a abordar un tema muy amplio como es la *convivencia* que intentaremos

---

[27] Aristegui, Roberto y Domingo Bazñan (et al.): «Hacia una Pedagogía de la Convivencia». *Organización de Estados Iberoamericanos* (OEI), *PSYKHE 2005*, Vol. 14, N° 1, 137 – 150. http://www.scielo.cl/scielo.php?pid=S0718-22282005000100011&script=sci_arttext

[28] http://www.20minutos.es/noticia/1330482/0/convivencia/cristianos-musulmanes-judios/imperio-bizantino/

concretar, dirigiéndolo hacia un aspecto que nos interesa en nuestra labor como docentes: el diálogo»[29]

- Política española y europea:

Descripción del contenido de una obra sobre la Constitución Española y su importancia en relación a Europa:

«La Constitución española en el contexto constitucional europeo es un análisis de 111 autores extranjeros que ubican nuestra Carta Magna dentro de un entorno más amplio: Europa. Presentada por la presidenta del Parlamento, Luisa Fernanda Rudi, el ministro de Defensa, Federico Trillo, y el representante del PSOE, Diego López Garrido los tres defendieron la Carta Magna como instrumento "indispensable" de *convivencia».*[30]

- Diálogo entre culturas:

«El término de interculturalidad se refiere a la interacción entre culturas, donde se concibe que ningún grupo cultural está por encima del otro, favoreciendo en

---

[29]Palacios de Torres, Cristina: «La convivencia y el diálogo: ¿sabemos hablar y escuchar?» *Revistas de Contribuciones a las Ciencias Sociales, 2009.* http://www.eumed.net/rev/cccss/index.htm.

[30] http://www.elmundo.es/documentos/2003/12/espana/constitucion/libros.html

todo momento la integración y *convivencia* de ambas partes.»[31]

La palabra *convivencia* se ha relacionado también con la lucha contra el terrorismo: al Presidente de la República Francesa Nicolas Sarkozy se le entregó el premio a la «Convivencia» el 7 de abril de 2008 en el Palacio de l'Élisée, por la Fundación Broseta.[32] El año anterior, lo recibió el Rey Don Juan Carlos I de España. El premio a la «Convivencia» se instauró en 1992 tras el asesinato del Profesor Manuel Broseta en Valencia por ETA y cada año lo recibe una personalidad diferente por su compromiso en la defensa de la libertad.

La palabra *convivencia* se utiliza aún en el catalán:

«Una obra lingüística en inglés, cuyo objetivo era promover la lengua catalana dentro España (con el apoyo de la UNESCO) y de impulsar su *convivencia* (sic) con el castellano, indica que en catalán la *convivencia* no es sólo cohabitar, sino vivir juntos de manera constructiva, en armonía y amistad»[33].

---

[31] Otero Martínez, Nuria: *Aprendiendo a vivir entre culturas, Cuadernos de Educación y de Desarrollo.* Vol 1. No 3. Mayo 2009. http://www.eumed.net/rev/ced/03/nom.htm

[32] http://ambafrance-es.org/france_espagne/spip.php?article2731

[33] Hall, Jacqueline: *Convivencia in Catalonia: Languages living together*. 121 page. Published by

Lo anteriormente citado muestra de manera clara que el espíritu de *convivencia* y su extensión hasta nuestros días envuelve a la España actual, dicho espíritu nació y se desarrolló en Córdoba, la capital de la *convivencia.* Actualmente, en España, la expresión y la historia de la palabra *convivencia* forma parte de la cultura popular.

Fundacio Jaume Bofill. Novembre 2001. ISBN 84-85557-55-7. Introduction page 15

III. El equivalente de la palabra convivencia en francés contemporáneo: la *convivance*

En francés contemporáneo, se ha adaptado la palabra española *convivencia* derivando en *convivance* o *convivence* dependiendo de lo autores.

En lo referente al francés oficial, la palabra *convivance* se introdujo en el tesauro de l'Academie française en su edición de otoño de 2004[34]. Según Florence Delay[35], miembro de L'Académie, «une charte établie par l'association 'Pro Europae Unitatae', la

---

[34] *Une très vieille convivance.* Séance publique annuelle des Cinq Académies. 26 octubre 2004, por Mme Florence Delay. El texto completo se puede consultar en la página web de L'Académie française: http://www.academie-francaise.fr/node/3098

[35] Traductora, autora de novelas y de ensayos, esta eminente mujer de letras es la hija de Jean Delay, psiquiatra y miembro de L'Académie française, y la hermana de Claude Delay, biógrafa y psicoanalista. También es una mujer de teatro. Su obra se centra principalmente en la literatura de amor, el español y la España medieval pero no sólo se limita a ello. Colabora con Jacques Roubaud, teórico de la poesía y del verso y estudioso del medievo, autor de una antología bilingüe *Les Troubadours.* Tanto Jaques Roubaud como Florence Delay han recibido numerosos precios y distinciones. Cabría mencionar entre ellos el Grand Prix de Littérature Paul Morand, de l'Académie française, que recibió en el año 2008.

'Charte européenne de la Convivance', avait eu premièrement recours à ce 'néologisme» [«una carta creada por la asociación Pro Europae Unitatae, La Carta Europea de la Convivencia, recurre por primera vez a este neologismo»]. El presidente de l'Académie se quejaba en una carta enviada en abril de 1995 al secretario permanente de L'Académie del hecho de que los corresponsales de prensa franceses en Roma no habían sabido traducir la llamada al diálogo y a la paz en un discurso pronunciado en italiano por el Papa en su bendición «Urbi et Orbi» . En dos ocasiones, el Papa Juan Pablo II había hecho un llamamiento a «*una convivenza*» entre pueblos y fracciones de un mismo pueblo; mientras que algunos periodistas, en sus informes lo tradujeron por la palabra *convivialité* que es español significa *convivialidad.* [36]Del mismo modo, numerosos traductores europeos y en concreto españoles preguntaron a l'Académie cuál era el equivalente francés de la palabra *convivencia.* [37]

Florence Delay hace de la *convivance* un sensible elogio delante de todos los miembros del Institut de France en 2004: « (…) ce mot nouveau, pour moi, était très vieux. Il résonnait dans ma tête sous sa forme

---

[36] Une très vieille convivance. *Séance publique annuelle des Cinq Académies*. 26 octobre 2004, par Mme Florence Delay. El texto completo se puede consultar en la página web de L'Académie française: http://www.academie-francaise.fr/node/3098

[37] Entrevista telefónica entre Florence Delay y Dominique Arbell el 11 de octubre de 2012.

espagnole de *convivencia.* La *convivencia* ? Ceux qui connaissent l'histoire de l'Espagne savent que ce mot embrasse une période qui dura près de huit siècles et pendant laquelle juifs, chrétiens et musulmans vécurent ensemble - de 711, où la péninsule hispanique fut conquise par quelques dizaines de milliers d'Arabes et de Berbères, à 1492, qui marque la fin de ce qu'on appelle la Reconquête. »[38] [«(…) esta nueva palabra, para mí, era muy antigua. Resonaba en mi cabeza en su forma española *convivencia. ¿La convivencia*? Los que conocen la historia de España saben que esta palabra abraza un periodo que dura cerca de ocho siglos en el que judíos, cristianos y musulmanes vivieron juntos desde el año 711, donde la Península Ibérica fue conquistada por decenas de millares de árabes y de bereberes, hasta 1942, que marca el fin con lo que conocemos como la Reconquista»].

Este discurso está «teñido de idealismo»[39]. Florence Delay confía en que era como un «appel à faire aussi bien de nos jours que du temps de Cordoue, [40] dans un contexte de «discordance» entre les trois religión» [«una llamada a hacerlo ahora igual de bien que se hizo en

[38] Une très vieille convivance. *Séance publique annuelle ...des Cinq Académies*. 26 octobre 2004, por Mme Florence Delay.

[39] En el mensaje de Florence Delay a Dominique Arbell a través de Isabelle Noel, Académie française, 11 de octubre de 2012.

[40] Idem.

los tiempos de la Córdoba musulmana, en un contexto de «discordancia» entre las tres religiones»»].[41]

¿Por qué l'Académie française ha elegido la ortografía *convivance* y no *convivence*?

En diferentes textos escritos hemos encontrado ambas ortografías. Por ejemplo, en Wiktionary - dictionnaire bilingue (français anglais) en línea, la palabra se encuentra escrita con **-ence**[42]:

convivence /kɔ̃.vi.vɑ̃s/ *féminin*

1. Fait, action de vivre ensemble pour des personnes ou pour des groupes de personnes :

Vie en société.

1. C'est pourquoi l'idée de la santé s'éleva à une importance religieuse par son origine, à une importance civile par la nécessite de procurer le bien-être physique à la **convivence** sociale. — (Felix Henri Ranse, Marcel Baudouin, Jules René Guerin, Gazette médicale de Paris, Volume 24, 1853)

2. *(Spécialement)* Situation où cohabitent sur un même territoire, dans un même pays :

Mais le bilinguisme est le fruit soit de la naissance, donc de l'éducation, soit de la **convivence** prolongée, soit d'un apprentissage volontaire et difficile.

---

[41] Entrevista telefónica entre Florence Delay y Dominique Arbell el 11 de octubre de 2012.
[42] http://fr.wiktionary.org/wiki/convivence

— (Dennis Philips, L'anglais : troisième langue de la Martinique ? Centre d'étude et de recherche sur l'anglais langue étrangère aux Caraïbes, 1994.) »

[**convivence** /kɔ̃.vi.vɑ̃s/ *femenino*

1. Hecho, acción de vivir juntos para personas o grupos de personas :

Vida en sociedad:

1. Por ello, la idea de la santidad se eleva a una importancia religiosa por su origen, a una importancia civil por la necesidad de procurar el bienestar físico a la **convivence** social. — (Felix Henri Ranse, Marcel Baudouin, Jules René Guerin, Gazette médicale de Paris, Volume 24, 1853)
2. (*Especialmente*) Situación donde cohabitan en su mismo territorio o país:

Pero el bilingüismo es el fruto ya sea del nacimiento, y después de la educación, o sea de la **convivence** prolongada, o de un aprendizaje voluntario y difícil. — (Dennis Philips, L'anglais : troisième langue de la Martinique ? Centre d'étude et de recherche sur l'anglais langue étrangère aux Caraïbes, 1994)»].

La ortografía *convivence* también aparece en un texto redactado en francés sobre la elaboración de políticas lingüísticas en Europa[43], este texto es anterior a la decisión de l'Académie: este documento, cuyo objetivo no es otro que el de fomentar el plurinlingüismo, *alerta* a los responsables *del* «le possible obstacle de la question de l'incivilité, laquelle rejoint celle de la formation des citoyens aux valeurs collectives de la convivence démocratique ».[44][«Posible obstáculo de la cuestión de la falta de civismo, que se unió a la formación de los ciudadanos en los valores colectivos de ***convivence*** democrática»].

Las citas mencionadas que aluden a la preferencia de uso de la ortografía acabada en *-ence*, *convivence*, provienen de textos que se han redactado antes de que se adoptara la decisión de l'Académie, que prefirió el uso de la ortografía *conviv**a**nce.*

La ortografía en *-**a**nce*, se utilizaba antes de que se hubiera tomado la decisión de l'Académie française y no únicamente en la «Charte de la Convivance» [Carta de la Convivencia] promovida por Pro Europae Unitate. Citemos por ejemplo un fragmento de un texto de Bernard Vincent publicado en la primavera de 1994 en relación con Al Andalus:

---

[43] *Guide pour l'élaboration des politiques linguistiques éducatives en Europe, de la diversité linguistique à l'éducation plurilingue*, Beacco Jean-Claude, Byram Michael, Division des politiques linguistiques, Conseil de l'Europe, Strasbourg, version 1 révisée, 2003. page 72.

[44] Idem.

« A Grenade, jusqu'à la fin du XVe siècle, les minorités juive et chrétienne ont vécu à l'ombre d'un Islam majoritaire et dominant mais néanmoins protecteur.[45] Cette « *convivance* » qui a permis aux trois communautés de vivre ensemble et a attiré à Grenade de nombreux réfugiés, cessa brutalement en 1492 avec le décret d'expulsion des juifs prononcé par les Rois catholiques, qui sera suivi, dix ans plus tard, par le décret d'expulsion des musulmans. »[46]

[«En Granada, hasta finales del siglo XV, las minorías judía y cristiana han vivido a la sombra de un Islam mayoritario y dominante aunque, sin embargo, protector. Esta «convivance», que ha permitido a las tres comunidades vivir juntas, ha atraido a Granada numerosos refugiados, cesó brutalmente en 1942 con el decreto de expulsión de los judíos pronunciado por los Reyes Católicos, al que le seguirá, diez maños más tarde, el decreto de expulsión de los musulmanes»].

Armand Echadi, del Diccionario de l'Académie française, ha realizado una investigación paralela a ésta y

---

[45] El Islam era dominante y protector en este sentido, tanto que a las comunidades no musulmanas que eran contrarias a aceptar este tipo de pactos se les ofrecía garantías económicas, culturales y libertad de culto a cambio de fidelidad al poder y de impuestos suplementarios. Estos pactos eran de interés común para los musulmanes y estaban redactados conforme al Corán (estatus de *dhimmis* = «súbditos protegidos»).

[46] En *Confluences Méditérranéennes* no 10, 1994. p. 51

menciona el caso más antiguo de la palabra *convivance* que ha encontrado: figura en un informe de los representantes Jean Debry y Charles Cochon en la Convención Nacional del 9 de febrero de 1973, cuando pidieron la sustitución de Gasparin, que había enfermado en Roye, por Carnot, debido a un «motif [de] *convivance* qui doit être compté pour quelque chose *(Archives parlementaires)*[47] » [un motivo de *convivencia* que debe tenerse en cuenta para algo] . En este contexto, la palabra *convivance* tenía connotaciones negativas.

Y A. Erchardi comenta la ortografía en -ance:

« C'est avec un *a* que l'écrit aussi Henri Pichon dans son *Vocabulaire de psychologie,* citant le neuropsychiatre espagnol Jeroni de Moragas (1957), au sens de l' « État de communauté réelle de vie entre cœxistants ». » Le philosophe Jacques Maritain, dans un article de 1937 intitulé « Exister avec le peuple », parlait, dans un sens éthique, du fait de « vivre en *convivance* morale avec [quelqu'un] ». Le sociologue Gabriel Tarde l'employait également avec un *a,* dans *L'Opposition universelle. Essai d'une théorie des contraires* (1897) : « La concurrence est liée à la convivance. »[48]

[«Henri Pichon la escribe también con una *a* en su *Vocabulaire de psychologie*, citando al neuropsiquiatra español Jeroni de Moragas (1957), en el seno del Estado comunitario deal de vida entre coexistentes.» El filósofo

---

[47] Armand Erchadi en mensaje...
[48] Idem.

Jaques Maritain, en un artículo publicado en 937 titulado «Exister avec le peuple», hablaba, en un sentido ético, del hecho de «vivir en *convivance* moral con [alguien]». Del mismo modo, el sociólogo Gabriel Tarde lo empleaba con una a en *L'Opposition universelle. Essai d'une théorie des contraires* (1897) : « La competencia esta unida a la *convivance* ».]

Estos antecedentes no se tuvieron en cuenta por l'Académie française en el momento de su decisión. La palabra *convivance,* según Florence Delay, viene de la palabra *convivre* en francés antiguo.

La elección de la ortografía en -**a**nce es pues lógica, ya que « les formes en *-ant/-ance* dérivent plutôt de formes verbales (c'est le cas de *survivance*), alors que les formes en *-ent/-ence* ne sont pas toujours liées à un verbe. » [ya que las formas en *-ant/-ance* deriva sobre todo de las formas verbales (como es el caso de *survivance*)][49] y [50]

---

[49] Idem.

[50] La palabra *convivance* aún no se ha incluido en el Diccionario de l'Académie française aunque sí se encuentra en el Diccionario Larousse de la edición de 2012, cuya definición es: « Capacité de groupes humains différents à cohabiter harmonieusement au sein d'une entité locale, nationale, fédérale, communautaire etc » [«Capacidad de diferentes grupos de humanos para cohabitar en armonía en el seno de una entidad local, nacional, federal, comunitaria, etc.»].

Otra pregunta que nos planteamos es si verdaderamente la palabra *convivencia* es un neologismo. Esta pregunta de pureza ha agitado a algunos defensores de la lengua francesa. Señalaremos pues la reacción del escritor y periodista François Taillandier en Le Figaro en 2008 (entonces candidato a entrar en l'Académie française[51]):

« Nous assimilons sans nous en douter une néo langue qui déconcerterait nos grands-parents » remarque l'auteur : « que diraient-ils devant le buzz et le capital osseux, le no-K-pote et la convivance, le people ready et le plan-tous-chez-moi? »[52]

[«Asimilamos sin dudar en una neo lengua que desconcertaba a nuestros abuelos» subraya el autor: «¿qué dirían delante del *buzz* y la capital huesos, el *no-k-pote* y la convivencia, el *people ready* y el plan todos a mi casa? «].

---

[51] Otro candidato fue elegido en marzo de 2009. Según http://fr.wikipedia.org/wiki/François_Taillandier

[52] *Ce monde-là, Dictionnaire personnel de l'époque*, François Taillandier, Flammarion, 176 pages. Fecha sin determinar. Comentado en el Magazine de Le Figaro de febrero de 2008. http://www.lefigaro.fr/lefigaromagazine/2008/02/09/01006-20080209ARTFIG00519-taillandier-l-incorrect.php. Consultar a continuación *La Langue Française au Défi*, Flammarion, septembre 2009. 100 páginas. François Taillandier, nacido en 1955 en Clermont-Ferrand, es un escritorfrancés.

Por ejemplo, *convivance*, según Taillander, sería un neologismo.

Pero en el caso del occitano se podría afirmar que no se trata de un neologismo:

« Ce mot, qui n'est pas un néologisme (...) Pourtant il est très à la mode. En effet, Abdelwahab Meddeb[53] l'utilise à plusieurs reprises dans son article paru dans Le Monde du 12 septembre dernier (2008) à propos de la visite du pape en France et intitulé «Pour une religion de la paix perpétuelle», qu'une phrase mise en exergue résume ainsi : «Finalement tous les humains ont une seule et même religion dont les formules et les cérémonies divergent. (...) *Convivance* vient du mot occitan *convivencia.»*[54]

[« Esta palabra, que no es un neologismo (...) Sin embargo, está muy de moda. En efecto, Abdelwahab Meddeb la utiliza en repetidas ocasiones en su artículo de Le Monde del 12 de septiembre de 2008 en relación con la visita del Papa a Francia y titulado «Para una religión de la paz perpetua», que en una frase resumió así: «Finalmente todos los humanos tienen una única y misma

---

[53] Director de la revista internacional y transdiciplinar *Dédale* y profesor de literatura comparada en La Universidad de París-X. Participaba en la emisión semanal de *Cultures d'islam* en France Culture.

[54] Fuente: Le Monde, 16 de septiembre de 2008. Cita sin firma en la página http://www.convivance-liens.com/Mona/articles.php?lng=fpg=104

religión cuyas fórmulas de culto divergen (…)». *Convivance* viene de la palabra occitana *convivencia».*]

Entonces, ¿quién tiene razón? Digamos que si la palabra *convivance* es un neologismo desde el punto de vista del tesauro de l'Académie, aunque realmente no lo sería "de facto", ya que se ha empleado bastante antes de 2004 tal y como lo demuestra nuestra investigación y la de Echardi. Con relación a la palabra occitana *convivencia*, parece que ha existido desde hace siglos en la lengua de Oc. En Occitania, se ha adoptado también la palabra *convivance* para expresarse en francés moderno, el Instituto "Occitania Al Andalus" nos da un ejemplo:

« La vocation de l'Institut est de valoriser » le « patrimoine de *convivance* civilisationnelle, par des initiatives : conférences, séminaires, voyages d'études, publications, site internet, réseau..., pour le rendre plus accessible au grand public. »[55]

[«La vocación del Institut es la de valorizar el patrimonio de *convivance* de civilizaciones mediante iniciativas como conferencias, seminarios, viajes de estudio, publicaciones, páginas web, redes... para hacerla los más accesible posible a la gente»].

De cara a los desafíos que se presentan en Europa, tomaremos prestado uno de los objetivos de este

---

55 http://www.ostaldoccitania.net/articles.php?pg=900&lng=fr

instituto sobre el desarrollo de la noción de convivencia en Francia:

« Rappeler la mémoire et l'héritage culturel euro-méditerranéen, africain et transpyrénéen d'Al Andalus, pour mieux comprendre les enjeux cruciaux de l'Europe interculturelle d'aujourd'hui. Cet héritage arabo andalou dans ses relations avec l'Occitanie se perpétue plus que jamais de nos jours dans les formes nouvelles de mixité musicales, culturelles et spirituelles...

(...)

Contribuer à sensibiliser et former des hommes et des femmes, à une « civilité interculturelle », favoriser le rôle des migrants comme « passeurs interculturels ».

Réinventer des liens et des échanges là où se creusent des ruptures, témoigner du vivier extraordinaire d'initiatives locales et transrégionales qui ouvrent des espérances et des futurs possibles. Relayer et s'associer à ceux qui construisent les passerelles et les ponts de paix et de fraternité entre les civilisations. »[56]

[«Recordar la memoria y la herencia euromediterránea, africana y transpirenaica de Al Andalus, para comprender mejor lo que está en juego de la Europa intercultural actual. Esta herencia araboandalusí en relación con Occitania se perpetúa más que nunca desde nuestros días a las nuevas formas de mestizaje musical, cultural y espiritual.

---

[56] Idem

(...)

Contribuir a sensibilizar y formar a hombres y mujeres, en una «sociedad intercultural», favorecer el papel de los migrantes como «enlaces interculturales».

Reinventar los lazos y los intercambios allí donde se crean las rupturas, ser testimonio de un extraordinario vivero de iniciativas locales y transregionales que crean esperanza y futuros posibles. Relevar y asociarse a aquellos que construyen las pasarelas y los puentes de paz y fraternidad entre civilizaciones».]

Poco a poco, sobretodo después de 2004, en Francia empiezan a crearse fundaciones y a organizarse festivales y exposiciones cuyo tema es la *convivance*. Podemos encontrar ejemplos en Internet, sobretodo en Youtube. Esta tendencia está en plena evolución, por ello no hemos citado nada en relación a este medio, ya que en el momento de la lectura del artículo podría quedar obsoleto.

IV. El equivalente de la palabra convivencia en inglés: *convivence* y otras expresiones

En la lengua inglesa, no existe autoridad comparable a las academias española y francesa que fije normas para la lengua. En inglés, el empleo de una palabra induce a su aceptación y su popularidad en la lengua. La población anglófona adoptan o no una palabra cuando un término se emplea a menudo, de esta manera se incluye en el diccionario de Oxford o de Cambridge. Ahora bien, en el momento de la redacción de este artículo, no se encuentra ni en los citados diccionarios ni en el «Merriam and Webster». Es pues, que estudiando, en primer lugar, el empleo de esta palabra y el que no se halle en los diccionarios que encontramos respuestas sobre la frecuencia de uso de la palabra *convivence* en el mundo anglófono.

En inglés, cuando nos referimos al periodo de Al Andalus, son *coexistence* [coexistencia] y *cohabitation* [cohabitación] las palabras que están más en boga.

A continuación podemos ver un ejemplo sobre el uso de *coexistence* y *cohabitation* en un extracto de una conferencia impartida por el profesor Ramin Jahanbegloo el 12 de julio de 2012 y que evoca los tiempos de Al Andalus y del Califato de Córdoba:

"Cultural coexistence of this kind was made possible by religious and legal principles that were far-reaching in their implications. That is why the Andalusian experience is an exceptional moment in history, probably unique in its own time and rarely matched in any other.

The most notable and creative nature of the 'Cordoba paradigm' is that cohabitation and coexistence which were based on religious and legal principles." [57]

[«La coexistencia cultural de esta clase se hizo posible gracias a los principios religiosos y legales que fueron de gran alcance en sus implicaciones. Por ello, la experiencia andalusí es, en un momento excepcional en la historia, probablemente único en su propio tiempo y rara vez igualado en otro. El carácter más notable y creativo del "paradigma de Córdoba" es que la cohabitación y coexistencia que se basaban en principios religiosos y legales (…)»].

Otro ejemplo sería el título de una obra iberoamericana sobre pedagogía que se llama «Hacia una Pedagogía de la Convivencia» [58]que se ha traducido por «Towards a Pedagogy of Coexistence» y no *convivence.*

Hacemos constar también los préstamos al español:

---

[57] *'The Cordoba Paradigm and the Cross-Cultural Learning'.* Conferencia del Profesor Amin Jahanbegloo, el12 de julio de 2012.

[58] Aristegui, Roberto y Domingo Bazán (et. al.) «Hacia una Pedagogía de la Convivencia» En: *PSYKHE,* Organización de Estados Iberoamericanos (OEI), 2005, Vol. 14, N° 1, 137 – 150. http://www.scielo.cl/scielo.php?pid=S0718-22282005000100011&script=sci_arttext

Asimismo, en el diccionario americano multilingüe en línea Websters[59] – Multilingual Translation Thesaurus, se puede consultar la entrada *convivencia* y no *convivence*: aunque no proporciona ninguna la definición de *conviencia* sino que la presenta así:

"La **Convivencia** ("the Coexistence") is a term used to describe the situation in Spanish history from about 711 to 1492 (roughly concurrent with the Reconquista ("Reconquest"), when Jews, Muslims, and Catholics in Spain lived in relative peace together within the different kingdoms (…). The phrase often refers to the interplay of cultural ideas between the three groups, and ideas of religious tolerance".[60]

[«La **Convivencia** ("the Coexistence") es un término usado para describir la situación en la historia española desde el año 711 hasta 1942 (más o menos coincidiendo con la Reconquista, cuando judíos, musulmanes y católicos vivían en España relativamente en paz en los diferentes reinos (…). A menudo, la frase se refiere al intercambio cultural entre los tres grupos y de ideas de tolerancia religiosa»].

---

[59] http://www.websters-online-dictionary.org/

[60] http://www.websters-online-dictionary.org/definitions/convivencia. Esta web, muy fiable, se nutre de los diccionarios más antiguos y con mejor reputación de Gran Bretaña. Una sola búsqueda especializada le permitirá acceder a tales diccionarios.

El título y el contenido de una importante compilación de ensayos sobre la *convivencia* de la época de Al Andalus da testimonio del empleo de la palabra *convivencia* en inglés:

Convivencia, Jews, Muslims and Christians in Medieval Spain Edited by Vivan B. Mann, Thomas F. Glick and Jerrilynn D. Dodds[61]. (Ver nota al pie de la página nº 1).

A continuación exponemos otros dos ejemplos:

"A long, long period of "convivencia"—living together—and then 400+ years of religious and ethnic atrocities followed civil war and Franco's tyranny."[62]

[«Un período largo, largo de «convivencia» - viviendo juntos - y después más de 400 años de atrocidades religiosas y étnicas seguido la guerra civil y la tiranía de Franco»].

y también

"Islamic Spain has been hailed for its 'convivencia' — its spirit of tolerance in which Jews, Christians, and Muslims, created a premodern

---

[61] *Convivencia, Jews, Muslims and Christians in Medieval Spain* Edited by Vivan B. Mann, Thomas F. Glick and Jerrilynn D. Dodds, George Braziller in association with The Jewish Museum, New York, (1992)

[62] Oriental Dreams, referencia imprecisa, citado en: http://www.wordnik.com/words/convivencia

renaissance, Edward Rothstein writes in the New York Times." [63]

[«España islámica ha sido aclamada por su «convivencia» - su espíritu de tolerancia en el que judios, cristianos y musulmanes, creó un renacimiento premoderno, escribe Edward Rothstein en el New York Times.»]

En estas citas observamos una pequeña traba, una necesidad de definir, con dificultad, la palabra *convivencia* con términos en inglés. Pero todas las acepciones sugeridas ya están incluidas y, convendría admitirlo, sobre todo en lo que se refiere a la noción de *convivencia*, *convivence* salvo quizás *living in togetherness* [vivir juntos]. La diferencia entre *convivence* y *living in togetherness* sería que *convivence* implica, partiendo del hecho de su similitud semántica con *convivencia*, una referencia a la civilización andalusí, mientras que *living in togetherness* no.

Parece que en inglés, en los textos escritos, la palabra *convivence* aparece sobre todo en relación con las necesidades de un diálogo interreligioso. (No estamos hablando de un diálogo intercultural, sino de un diálogo

---

[63] Edward Rothstein , New York Times, Philocrites, September 2003 Archives, referencia imprecisa, citado en: http://www.wordnik.com/words/convivencia

estrictamente interreligioso, a pesar de que las culturas nacen, en gran medida, de las religiones).

En un artículo muy documentado titulado *Living with religious plurality*[64] *[Vivir con pluralidad religiosa],* Christoffer H. Grundmann ha realizado una investigación sobre el empleo de la palabra *convivence* y *convivencia* en el mundo anglófono, en relación con la pluralidad religiosa. Y ha llegado a la siguiente conclusión:

"What has nowadays become a concern for nearly everyone has actually always been such for the souvereigns of multicultural empires (...). One only need to think of Medieval Spain where Jews, Christians and Muslims lived fairly peacefully together... a situation that the historian Americo Castro (1885-1972) described as *convivencia*, a term rendered into English as living togetherness. (Castro[65], 1949 ;1971). By now, convivencia or convivence has become an accepted neologism in the English language... "[66]

---

[64] Grundmann, Christoffer H.: *Living with religious plurality, Some basic theological reflexions on Interreligious Dialogue.* Valparaiso University. 2009. p. 133

[65] Castro, Américo, *Espana en su historica, cristianos, moros y judio*. Buenos Aires, Editorial Losada, Published in English in 1971 as The Spainards, An Introduction to their history. Enlarged by three chapters, Berkeley, University of California Press.

[66] El estudio de Grundmann consiste en demostrar que los términos de *convivence* y *convivencia*

[«Lo que hoy en día convertido en una preocupación para casi todo el mundo, en realidad, ha sido siempre igual para soberanos de imperios multiculturales (...). Sólo hay que pensar en la España medieval, donde Judios, cristianos y musulmanes vivieron juntos en paz... una situación en la que el historiador Américo Castro (1885-1972) describió como *convivencia*, un término traducido al Inglés como *living togetherness,* vivir juntos (Castro, 1949; 1971). A estas alturas, *convivencia* o *convivence* se ha convertido en un neologismo aceptado en inglés…»].

Otro autor, Simon Benjamin, prefiere estudiar el origen de la palabra *convivence* y su empleo en el ámbito ecuménico.

"….The term convivence (living in togetherness) was borrowed by Sundermeier[67] from the South American

---

se han utilizado sobre todo en inglés para temas relacionados con la vida en un mismo espacio de comunidades religiosas diferentes, así como en los estudios ecuménicos.

[67] 'Das Evangelium leben in Südafrika'. In: Becker, Dieter (ed): 'Mit dem Fremden leben: Perspektiven einer Theologie der Konvivenz': Theo Sundermeier zum 65 Geburtstag. Band 1: Religionen - Regionen. Missionswissenschaftliche Forschungen, Neue Folge, vol 11. Erlangen: Erlanger Verlag für Mission und Ökumene. 2000

liberation theology of Brazil.[68] Then it has found increasing use and denotes 'a life actually lived with enthusiasm, encompassing experience and praxis, the individual and the collective, participation and exchange.' Although the concept of *convivence* was originally mainly utilised for the dialogue between the religions, initially Sundermeier also experimented with its use in oecumenic convivence.[69]"

[«El término *convivence* (*living in togetherness*) lo tomó Sundermeier de la teología de la liberación de América del Sur de Brasil. Después, se ha encontrado un incremento en su uso y denota «una vida realmente vivida con entusiasmo, que abarca la experiencia y la práctica, el individuo y la participación colectiva y el intercambio.» Aunque el concepto de *convivencia* fue originalmente utilizado para el diálogo entre las religiones, en un principio Sundermeier también experimentó con su utilización en convivencia ecuménica»].

Es pues, en relación con el diálogo interreligioso, que la palabra *convivence* se ha extendido al inglés. Su

---

[68] Y de plantearnos la pregunta de si la palabra provenía de Brasil y si ha llegado a través de los portugueses.

[69] Cita extraída de Simon, Benjamin, *From Migrants to Missionaries: Christians of African Origin in Germany, Studies in the intercultural History of Christianity*, Peter Lang, février 2010,237 pages, page 215. Este libro es tan interesante que indaga a nivel conceptual y teológico para proveer de medios a la Iglesia Católica Romana para integrarse en el diálogo ecuménico.

significado ha ido más allá: Ikeaqwuchi Agbara, autor anglófono de *The Possibility of Convivence in Nigeria: Towards Intercultural Hermeneutics and Religion in Dialogue*[70] presenta *convivence* como un modelo que debería aplicarse para dar una solución al conflicto de Nigeria, el trámite lo describe así:

"The basic assumption (...) is that ethnic and religious pluralism have led to conflicts, but that they are fuelled by politics, inequitable distribution of economic goods and the negative forces of globalization. In this project, examining these conflicts and the efforts made to resolve them, particular attention will be paid to dialogue and reconciliation. The key practice suggested is *convivence*: a symbiosis of interactive and interpenetrative approaches, based on intercultural and interreligious hermeneutical perspectives."[71]

[«La primera suposición (...) es que el pluralismo étnico y religioso han llevado a conflictos, pero que han sido alimentados por la política, la distribución desigual de los bienes económicos y las fuerzas negativas de la globalización. En este proyecto, para examinar estos

---

[70] Ikeaqwuchi Agbara, *The Possibility of Convivence in Nigeria: Towards Intercultural Hermeneutics and Religion in Dialogue*. LIT Verlag 2011, 224 pages

[71] Descripción del libro en Amazon. http://www.amazon.com/Possibility-Convivence-Nigeria-Religionspadagogik-interkulturell/dp/3643800916

conflictos y los esfuerzos realizados para resolverlos, se prestará especial atención al diálogo y la reconciliación. La práctica sugerida es clave convivencia: una simbiosis de enfoques interactivos e impenetrables, basados en las perspectivas hermenéuticas interculturales e interreligiosas».]

Ikeaqwuchi Agbara toma prestado el término y el concepto de la presentación que hace Tomas Glick en *Convivencia, Jews, Muslims and Christians in Medieval Spain.* (Ver nota al pie de página nº 62.)

Los traductores han contribuido y contribuyen mucho a introducir en el vocabulario inglés las palabras *convivencia* y *convivence.* Encontramos numerosos ejemplos en sus páginas web y en los foros de consulta. Hemos comprobado que, en principio, cuando la palabra *convivencia* forma parte del título de un documento, como un *certificado de Convivencia*, *convivencia* se conserva en el texto traducido. Cuando se trata de traducir en español conceptos que la palabra *convivencia* integra, como aquellos que tratan de la coexistencia, del diálogo entre culturas, de todas las dificultades relativas a la vida en común para individuos o grupos, existe una preferencia por las palabras *coexistence*, *cohabitation* incluso *living in togetherness.*

No mencionamos referencias concretas debido a la constante evolución de este tipo de consultas en la web.

Es mucho más común el empleo de la palabra *convivence* en Estados Unidos que en Gran Bretaña. La discreta influencia hispanoamericana parece ser un factor de popularidad creciente de esta expresión.

Por último, exponemos algunos ejemplos de la *convivence* en la lengua hablada, dichos ejemplos han sido tomados de pequeños anuncios: una niñera mejicana busca trabajo e indica su buena conducta mediante la expresión *good convivence* [*buena convivencia*]; un hotel publicita que su interior favorece la vida social, un club de estudiantes, etc., todos emplean la palabra *convivence* para describir su calidad de acogida y su ambiente favorecedor del contacto entre las personas [72]. Así, en inglés, el empleo de la palabra *convivence* se emplea cada vez con más frecuencia en la vida diaria.

---

[72] Estos anuncios aparecen y desaparecen por lo que no daremos su referencia en línea.

V. ¿Tiene sinónimos la palabra convivencia?

Hagamos el ejercicio de comparar *convivencia, convivance, convivence* y palabras similares:

¿Por qué es necesaria la palabra convivencia (convivance, convivence)?

El significado que estas palabras expresan se aproxima al significado de *convivialité* [convivialidad] , *état de la société* [estado de la sociedad], pero no puede reducirse a eso:

El diccionario de la lengua francesa de Hachette de 1987 ofrecía la siguiente definición de *convivialité*: «goût pour les repas réunissant de nombreux convives. → Par extension : ensemble des rapports de tolérance et d'échange entre des personnes ou des groupes appartenant à la même société ».[73] [«Gusto por las comidas que reúnen a varios comensales. → Por extensión: conjunto de relaciones de tolerancia y de intercambio entre personas o grupos que pertenecen a la misma sociedad. »] Y cabría añadir: «en anglais, conviviality».[74]. [en inglés, *conviviality*].

La *coexistencia* se define como compartir un mismo espacio por diferentes personas o grupos de seres vivos. Esta palabra tiene, cuando deriva del latín, una connotación estática y no obliga a que haya intercambios,

---

[73] *Dictionnaire de la Langue française*. 40 000 definiciones. Hachette. 1987.

[74] Idem. Versión 1987. p. 242

o no los busca necesariamente. También recuerda al período de la Guerra Fría y el concepto de *coexistencia pacífica*. Esta palabra demasiado restrictiva no se adaptó al espíritu de Córdoba que se manifiesta por el intercambio y la proliferación de contactos. En cambio, la *convivencia, convivance, convivence* implica la coexistencia: en efecto para que se busque, al menos es necesario que haya dos entidades en el mismo terreno o territorio.

Anne Françoise Weber, autora de una obra relativa a las parejas mixtas (matrimonios entre musulmanes y cristianos) en el Líbano, opta por la *convivance* (p. 14 de su libro), « afin de palier aux carences des termes 'coexistence', qui ne dit rien sur la 'qualité des relations' et convivialité qui évoque un 'état de la société' plutôt que 'l'action de vivre ensemble' » .[75] [« Con el fin de superar las carencias de los términos "coexistencia ", que no dice nada acerca de "la calidad de las relaciones" y "convivialidad" que evoca un "estado de la sociedad" en lugar de "acción a vivir juntos"].

---

[75] Según Samer Mitri, comentarista de este libro en la revista *Les Clés du Moyen Orient* *http://www.lesclesdumoyenorient.com/Anne-Francoise-Weber-Le-Cedre.html.* Fecha del comentario no mencionada. Se trata de un libro de Anne Françoise Weber, *Le Cèdre islamo chrétien: Des Libanais à la recherche de l'unité nationale.* Baden Baden, Nomos, 2007.

La *convivencia, convivance, convivence* son términos que van más allá de la coexistencia o la cohabitación.

La palabra *cohabitation* nos lleva a la coexistencia en un mismo lugar o a aquella que nace en el seno de un gobierno. La palabra *convivencia* sirve para designar la cohabitación. Por ejemplo, el Registro civil de Buenos Aires y el de Murcia emiten a quienes deben demostrar que viven en un mismo lugar un *Certificado de convivencia.* [76] Sin embargo, la cohabitación es sólo un elemento de la *convivencia.*

¿Qué ocurre con la palabra *tolerancia*? La tolerancia quiere que se haga el esfuerzo de aceptar lo que normalmente no se suele aceptar, incluso a veces a pasar por alto una forma de desprecio, un rechazo. Por el contrario, es evidente que la acción de tolerar forma parte del funcionamiento de *convivencia.*

Podríamos continuar el ejercicio con otros términos para sustituir la palabra *convivencia,* todos son más limitados y sus conceptos se incluyen dentro de la *convivencia*, que es un término cuya significación es más amplia. Salvo quizás la expresión *living in togetherness*: esta formulación inglesa no contiene formulación implícita que llegue a la *convivencia* en Córdoba y en Al Andalus.

---

76 http://forum.wordreference.com/showthread.php?t=2024700

Conclusión

La palabra *convivencia* no se utilizaba en el periodo del Califato Omeya en Córdoba, ni tampoco en el periodo de Al Andalus. Pero el concepto de la *convivencia* se aplicaba jurídicamente por los musulmanes en la Península Ibérica desde la invasión en el siglo VIII de nuestra era.

La palabra *convivencia* es un neologismo y es difícil de saber desde cuando se utiliza, ya sea en la forma española, occitana, francesa o inglesa. Desde el periodo de Al Andalus y de Córdoba, el significado de convivencia ha persistido y evolucionado.

Actualmente representa una búsqueda de la armonía entre personas y poblaciones que viven en un mismo territorio. La palabra *convivencia* en español se utiliza con frecuencia, así como la palabra *convivance* en francés. En Gran Bretaña, las palabras *convivencia* y *convivence* ganan terreno.

Si lo comparamos con otras palabras, como *coexistencia, cohabitación, tolerancia, convivialidad,* etc., el término *convivencia, convivance* en francés, *convivence* en inglés se impone y no tiene sinónimos.

Dominique-D Junod (Arbell)
Octubre de 2012

El trabajo realizado por Florent HUET.
Impreso 03 2015 por
Lulu Enterprises, Inc., Raleigh, N.C.
En nombre de
Florent Huet, 5 ter rue de Verdun, 54800 Jeandelize.
Depósito Legal: abril 2015